Obsession d'amour

Patrick TARDIVON

Édition : BoD – Books on Demand, info@bod.fr
Impression : BoD – Books on Demand, In de Tarpen
42, Norderstedt (Allemagne)

Impression à la demande

ISBN : 978-2-3224-8830-8
Dépôt légal : Décembre 2023

Préface

Plus qu'un homme de spectacle, Patrick Tardivon est avant tout un être de culture.

Déjà chanteur, comédien et metteur en scène, il s'adonne également à l'écriture.

Avec sa plume, il porte le regard poétique de celui qui voit le dessous et l'envers des choses, et sonde leur reflet.

Et quand il ne voit rien, il invente et recrée la réalité.

Patrick Tardivon est un rêveur, un poète qui nous livre ici un recueil ardent de poèmes délicieux sur l'obsession d'amour.

Pendant que les années glissent, arrogantes ; le soleil continue de briller, immuable. Le corps s'efface, l'amour perdure. Et la vie continue…

Cécile Gris
Écrivain public
www.cecilegris.fr

Mémoires des émotions d'un enfant du rock
dont le cœur agité par une mer intense
est venu s'écorcher aux arêtes des rocs,
avant de s'allonger sur le sable doré.

Histoires rimées de femmes,
de souvenirs et de fantasmes,
de symboles et d'images
où se mêlent les couleurs du désir,
les fragrances d'un corps,
le velours d'une peau
et le goût des folies sensuelles.

Voluptés débridées sur un lit de verre brisé,
dans un écrin de vers classiques.

L'amour et son langage
comme un jeu de miroirs.

Le rap de *mes mots*

Quand je n'ai plus de larmes, je déverse *mes mots*
Sur le papier humide qui me sert de mémo.

Mes mots sont le miroir de mon humanité
Et le reflet tranchant de mes noires idées.

Je façonne *mes mots* comme on taille les arbres
Et contemple mon œuvre : une statue de marbre.

Quand je veux dire je t'aime, ou bien je te déteste,
J'affûte bien *mes mots*, lancés comme une flèche.

Mes mots pour expliquer : "Voilà comment je suis.
Passez votre chemin ou aimez qui je suis."

C'est aussi pour convaincre de ma vérité
Que j'aiguise *mes mots* comme le fil d'une épée.

Mes mots viennent transmettre un tout que j'ai appris
Tout ce que j'ai souffert, tout ce que j'ai construit.

Dans cette société où l'on ne peut plus crier
Je hurle avec *mes mots* crachés sur un cahier.

Si j'ai peur de la mort, *mes mots* témoigneront
Qu'il existait sur Terre un Patrick Tardivon.
Pour finir, je dirai, et c'est ma vérité :
Mes mots écrits ne sont qu'un brin de vanité.

Comment vous dire ?

Comment vous dire avec adresse
Que j'aime bien penser à vous,
En souvenirs qui me caressent
Et me font trembler, je l'avoue ?

Comment vous dire élégamment
Que j'ai commis ces quelques vers
Pour vous chanter un sentiment
Qui m'a mis les sens à l'envers ?

Comment vous expliquer encore
Que j'ai osé m'imaginer
L'intimité de votre corps
En cherchant à le deviner ?

Comment vous dire en confidence :
J'aurais tellement apprécié
Que ces vers emplis d'impudence
Dans votre lit, vous les lussiez ?

Si vous acceptez de me lire,
D'entrer dans mon jardin secret,
Vous n'avez qu'un seul mot à dire ;
Vous n'en aurez aucun regret.

Le songe

Tu descends l'escalier, moulée dans un drap d'or.
Un esclave à tes pieds parsème de lotus
Le chemin parfumé sur lequel je m'endors
À l'ombre des figuiers et des eucalyptus.

Je te vois dans un songe, éblouissante et reine,
Chaque nuit, dominer de puissants édifices :
Les tombeaux de Khéops, Mikérinos, Képhren.
Je te vois près d'Athon ou près d'Aménophis.

Je rêve que ta main se pose dans la mienne.
Suis-je le Pharaon ou l'esclave anobli ?
Tu ne t'en soucies plus, car tu deviens païenne,
Et moi, je suis l'amant qui t'apporte l'oubli.

Je regarde s'ouvrir tes cuisses généreuses,
Le charbon de tes yeux craquer de mille étoiles,
Et ton ventre rouler comme ceux des danseuses
Qui le soir au palais font osciller leurs voiles.

Ton corps se fait ardent comme un soleil qui mord
Et commence à brûler mon âme découverte,
Jusqu'à l'instant suprême où te serrant plus fort,
Je me sens plonger nu dans l'oasis ouverte.

Pour chaque lendemain, lorsque je te revois,
Les sens encore empreints d'une intime moiteur,
Pardonne à mon regard de briller quelquefois
D'un écho nostalgique ou interrogateur.

Le plus beau des séjours

L'océan des passions m'a fait navigateur
Et plus d'un souvenir s'entassent dans ma cale.
Aux abords d'une côte au parfum prometteur,
Mon ancre allait mouiller pour le temps d'une escale.

Mes yeux se sont portés du pôle à l'équateur
Ont volé des diamants et des feux de Bengale
Mais lorsque je revois ma vie d'explorateur,
Une seule contrée me paraît sans égale.

Je reviens, mon amie, chevauchant l'arc-en-ciel,
Regarder dans tes yeux se refléter le ciel
Comme sur les étangs de la Scandinavie.

Je peux te révéler un secret de ma vie :
Le plus beau des séjours et le plus merveilleux,
Est celui que j'ai fait dans le bleu de tes yeux.

Pardonne-moi Seigneur

Pardonne-moi, Seigneur, si dans un autre temple
Je dépose un genou tout en courbant le dos
Devant l'idole nue que mon âme contemple,
Et dont j'aime le chant comme un autre credo.

Pardonne-moi, Seigneur, de me laisser aller
Au mystère envoûtant d'une île qui sut n'être
Qu'un fidèle miroir où je me dévoilai,
Et qui m'a reconnu sans même me connaître.

Pardonne-moi, Seigneur, si j'aime un autre dieu
Que celui que j'ai pris en un jour de juillet,
Mais dans la solitude où s'éteignait le feu,
J'ai laissé me guider celui qui m'accueillait.

Pardonne-moi, Seigneur, ma double religion,
De partager le pain que m'offrent l'autre et l'une,
D'être chrétien le jour et, sans appréhension,
Animiste la nuit, sous un rayon de lune.

Pardonne-moi, Seigneur, ma passion pour Cinta,
L'univers parallèle où je lui fais l'amour,
Mais c'est dans l'illusion d'un autre nirvana
Que je puise la foi de t'aimer chaque jour.

Besançon

Besançon, ce matin, pleurait d'un triste ciel.
Le Doubs ne riait plus dans son berceau de pierre.
Les pétales flétris d'une lune de miel
Balayaient le pavé sur un lit de poussière.

La ville, agenouillée devant sa citadelle,
M'opposait les murs gris d'une cité trop fière ;
Le vent, dans les couloirs a soufflé la chandelle
Qui de ton souvenir, brûlait encore hier.

Les flèches acérées des sombres cathédrales,
Les murs de rouge sang, les voûtes gutturales
Se refermaient sur moi comme un sombre remord.

Besançon n'était plus la belle capitale
Où mes rêves cachaient une ultime vestale.
Une ville est triste quand un amour est mort.

L'enfant que tu m'as fait

La Nature a voulu que l'homme aille semer
Au ventre de la femme une gerbe de vie,
Qu'elle accueille en sa chair et la fasse germer
La graine de l'amour et l'amour à l'envi.

Le sort a, pour mon compte, été surnaturel.
Mon cœur est une terre, ô combien trop fertile
Où tu semas la foudre en un jeu passionnel
Me faisant le fils père d'un souvenir stérile.

En moi, je te nourris comme on porte un enfant
Et tout seul dans la nuit, je fais de longs discours.
Je caresse mon ventre et regrette en pleurant
Que cet événement ne voie jamais le jour.

Je commence à vieillir, enceint de ta présence,
Privé d'accouchement, sans espoir de retour,
Mais sur le papier blanc, je fais ma délivrance.
L'enfant que tu m'as fait porte le nom d'Amour.

Je pense à toi

Quand je vois devant moi, la fontaine publique
Où nous avions tous deux, juré je ne sais quoi,
Quand j'écoute un morceau de musique classique :
Je pense à toi.

Quand j'entends ton prénom adressé à une autre,
Au fond de mon esprit, c'est toi que je revois,
Quand je prends ce chemin qui fut un jour le nôtre :
Je pense à toi.

Quand je passe devant la petite terrasse
Du café où tu m'as emmené quelquefois,
Quand je regarde un film où des amants s'embrassent :
Je pense à toi.

Quand passe une voiture identique à la tienne,
Faisant le même bruit et blanche de surcroît,
Quand je vois ou j'entends parler de Saint-Etienne :
Je pense à toi.

Quand je vois un bébé dans les bras de sa mère,
Alors que nous avions pensé devenir trois,
Quand c'est bientôt le mois de ton anniversaire :
Je pense à toi.

Quand je vois cette rue où tu allais souvent,
Quand je vois cette place où tu venais parfois,
Quand je vois tous ces gens qui t'ont connu avant :
Je pense à toi.

Alors, qu'ai-je donc fait de ma pauvre existence
Pour t'héberger encore au plus profond de moi ?
Car je crois qu'à chacun des moments où je pense :
Je pense à toi.

Laisse-moi

Laisse-moi te donner le meilleur de moi-même,
Les fruits que tant d'années ont mûris au soleil.
Laisse donc un poète accrocher des "je t'aime"
En couple de cerises, qui pendent à l'oreille.

Laisse-moi, pour un jour, en toute plénitude,
Te donner mon amour et toute la tendresse
Que j'ai accumulés pendant ma solitude,
Où la mort a le goût d'une vie sans caresse.

Laisse-moi partager mon amour de la vie,
Mon amour de l'amour et mon amour tout court.
Accepte le voyage auquel je te convie ;
Les allées de mon cœur n'ont jamais de retour.

Laisse-moi te chérir pendant que tu es belle,
Pendant que tu es jeune et que tu sens l'amour.
Les jours de notre vie s'enfuient à tire-d'aile,
Il n'est de trop prudent qui ne regrette un jour.

Laisse-moi t'emmener jusqu'à la découverte
Des poèmes écrits quand je pensais à toi.
Laisse-moi t'emporter sur une île déserte
Où tu seras la reine amoureuse d'un roi.

Laisse-moi devenir celui qui te conduit
Sur un nuage bleu qui flotte au firmament,
Et qui attend muet que descende la nuit.
Laisse-moi devenir une fois ton amant.

Jalousie

Je vous vois tous les deux allongés sur un lit,
Vos deux corps emmêlés se caressent sans gêne.
Il avait le regard des hommes d'Italie,
Tu n'as pu résister à l'envie qu'il te prenne.

J'imagine trop bien que tu vas lui offrir
Ce qu'en un autre temps, tu ne donnais qu'à moi.
Je lui en veux surtout de t'avoir, sans souffrir,
Sans attendre les jours qui me furent des mois.

J'ai si mal de penser qu'il trempe de sueur
Ce ventre que j'aimais réchauffer de mes lèvres,
Que ses yeux sur tes seins brillent d'une lueur
Animale et sauvage, et d'indécentes fièvres.

Je suis sûr qu'il te veut, mais qu'il ne t'aime pas,
Qu'il n'a pas le respect que ton être mérite.
Il ne sait même pas qui tu es, où tu vas ;
Son amoureux discours n'est qu'un leurre hypocrite.

Je ne peux m'empêcher d'imaginer l'intrus
Pénétrer dans ton corps en cherchant du bien-être,
Grogner à tes oreilles des mots brûlants et crus,
Et souiller le berceau d'un bébé qui pût naître.

Cette image est en moi, m'écorche et me fait mal.
Comme un enfant, je pleure et mes larmes sont sèches
De sentir enfoncer, par le bel animal,
Des griffes dans tes reins et dans mon cœur des flèches.

Les doux yeux d'une femme

Les doux yeux d'une femme ont allumé le feu
Qui réchauffe mon cœur et qui le font revivre ;
En écrivant ces vers, je crains que mon aveu
Ne trouble l'amitié qui aurait pu s'ensuivre.

Depuis longtemps déjà, mon cœur a l'habitude,
De mettre de côté des gerbes de tendresse,
Cueillies au gré des champs de morne solitude
Où divague mon âme en ses temps de détresse.

Si elle ouvre ses bras, j'y viendrai déposer
Ce trop-plein de passion qui n'appartient qu'à celle
Qui saura recevoir celui qui vient d'oser
Donner à son regard l'éclat d'une étincelle.

Ce n'est pas de l'Amour dont je parle aujourd'hui,
Mais c'est du sentiment qui permet le transfert
Du trésor que chacun possède au fond de lui,
Et qui n'a de valeur que quand il est offert.

Devant elle, debout, je continue de fondre
Au soleil du regard d'une femme et j'attends
Le signe imperceptible, qui pourrait me répondre :
Qu'elle ferme les yeux, juste pour un instant !

Fusion

Quand je suis près de toi, mon esprit vagabonde,
Illuminant mes nuits de rêves incessants,
Où, sur un ciel de lit, deux étoiles se fondent
En un même noyau rouge et incandescent.

Je plonge dans ta bouche, avalant tes soupirs
Et mon corps, dans le tien, se mêle et te féconde.
Dans tes cuisses tendues, où je voulais mourir,
Je crie comme l'enfant que tu remets au monde.

Contre moi, je te serre à t'éclater le cœur,
Je pénètre en secret chaque pore de ta peau,
Dans un ruissellement, je nage de bonheur,
Et remonte en criant, la source de tes eaux.

Nos veines en fusion battent à l'unisson,
Dans les plis de ton ventre et sous mes tempes bleues,
Nous ne faisons plus qu'un, moi fille et toi garçon,
Un seul corps enlacé comme une lave en feu.

Sans aucune pudeur, je te mange et te bois,
Je me nourris du vin qui grise le poète,
Mais l'étrange lueur que, dans mes yeux, tu vois,
N'est que notre reflet quand je deviens comète.

Je t'aime à la fusion. Je t'aime tellement.
Je t'aime à en mourir que j'en ai peur parfois.
Si ma raison se perd, c'est qu'à certains moments,
Je t'aime tellement que je veux être toi.

Ma mignonnette, allons au bois

À la manière des rondeaux du Moyen Âge

Ma Mignonnette, allons au bois
Voir si le loup est aux abois
Et soulever le vert feuillage
A la recherche de l'ombrage.

Quand l'ombre, nous aurons trouvée,
Votre robe, il faudra lever,
Pour n'abîmer point le tissu
En le tachant à votre insu.

Quand nous serons assis sur l'herbe,
J'irai vous cueillir une gerbe
De pâquerettes et de joncs,
De parisettes en bourgeons.

De ces étoiles végétales,
En arrachant tous les pétales,
Nous pourrons exaucer un vœu
Et voir si vous m'aimez un peu.

Et après cette devinette,
Si vous m'aimez, belle bluette,
Nous apprendrons un nouveau jeu
Avec une fleur pour enjeu.

La règle est beaucoup plus facile,
Il vous suffit d'être docile
Mais peu m'importe le vainqueur,
Vous m'accorderez votre fleur.

Mais en attendant ce moment,
Faites comme choix simplement
D'une promenade à mon bras
Où je ne vous fâcherai pas.

Ma Mignonnette, allons au bois
Voir si le loup est aux abois
Et soulever le vert feuillage
A la recherche de l'ombrage.

Je vous aime

Pour vous prouver, ô combien je vous aime,
J'ai décidé d'écrire ce poème
En n'employant que des rimes en – ème.
Venez cueillir tout l'amour que j'y sème.

Vous pourrez voir, en ce curieux système,
À mes efforts et tous mes stratagèmes,
Cette passion qui me brûle à l'extrême,
Pour votre image élégante et suprême.

La douce mélodie, dans ma nuit de bohème,
Que les caresses que ta main parsème,
Pour réchauffer mon âme et ma conscience blême.

Votre prénom, que je dis en moi-même,
Est un onguent, une divine crème,
Qui me consacre d'un nouveau baptême.

Je te veux

Pour te prouver, à quel point je te veux,
J'ai composé ce sonnet comme un jeu,
En n'écrivant que des rimes en – eu
Pour la prouesse et le plaisir des yeux.

Temple sacré et vénérable lieu,
C'est dans ton corps que je me sens le mieux,
Dans son unique et captivant milieu,
Où je viendrai y dévorer le feu.

Rapidement, tu crieras "Sauve-qui-peut !"
De ton autel, je serai maître queux
En exauçant l'ensemble de tes vœux.

Je deviendrai, – excuse-moi du peu —,
Ton salvateur, en dénouant le nœud
Qui te retient de voler jusqu'aux cieux.

Coucher de soleil

Chaque jour est l'auteur d'un coucher de soleil,
Mais l'horizon serein, quand il est dégagé,
Rassemble les nuées d'une brume orangée
Que fusionne le soir en un brûlot vermeil.

Quand la nature en liesse veut devenir coquette
Et offrir à mes yeux la huitième merveille,
Elle peint des nuages au ciel qui s'émerveille
De mettre pour la nuit une écharpe violette.

Quand la boule de feu, dans un cratère, plonge,
Dévorant les entrailles d'un monde que j'ignore...
Je la sens dans mon âme, elle rougeoie encore.

Mon esprit vagabonde et m'éclaire d'un songe
Où je suis un Soleil que personne n'inquiète.
Je me fonds dans la Terre et je deviens poète.

Femme comme les autres

Tu n'avais pas l'allure des femmes parisiennes.
Des formes généreuses et de taille moyenne,
Tes cheveux étaient bruns ? Tes cheveux ou tes yeux ?
Je ne m'en souviens plus. Peut-être tous les deux ?

Rien dans ton apparence ne laissait présumer
Que j'aurais pu, un jour, te connaître et t'aimer,
Quand, émergeant du flot des passants ahuris,
Ton regard m'a croisé et que tu m'as souri.

Mes yeux s'illuminaient du seul fait de t'entendre
Les promesses d'amour que je pensais comprendre,
Et le rouge à tes joues, dont je fus le témoin,
Me donnèrent l'envie d'aller toujours plus loin.

Assise au bord d'un lit, tu n'étais plus que femme.
De ton corps irradiait la chaleur d'une flamme.
Tu devenais unique et des plus désirables,
De la pointe des cils, à la feuille d'érable.

Femme comme les autres ou femme sans pareil,
Tu es une princesse, au plus simple appareil.
En souvenir de toi, je me répète encore :
Comme une femme est belle quand elle offre son corps.

Insomnies

Quand les feux sont éteints et les rideaux tirés,
Que les miens sont plongés dans une nuit complète,
J'écoute de mon lit les voix exagérées
Des silences inquiets murmurant dans ma tête.

Penché devant l'abîme d'une nuit redoutée,
Je me retrouve seul, et soudain, je m'inquiète,
Déchirant de mes mains les toiles d'araignées
Des silences inquiets gémissant dans ma tête.

Au-delà de mes yeux, se cache un atelier
Que nul n'a jamais vu, dont la forge est secrète,
Où besognent sans cesse, au rythme régulier,
Les silences inquiets qui soufflent dans ma tête.

Un grand verre d'alcool, un ventre à caresser,
Rien ne peut effrayer la redoutable bête.
Je ne sais plus que faire pour me débarrasser
Des silences inquiets qui grondent dans ma tête.

Le réveille-matin, sur la table de nuit,
A plombé les aiguilles. Soudain le temps s'arrête.
J'entends dans les fracas de mon âme qui fuit,
Les silences inquiets me criant dans la tête.

Les idées se bousculent. Les draps collent aux pieds.
Par cent fois, je me tourne et cent fois, je répète
Les mêmes litanies qui ne font qu'amplifier
Les silences inquiets qui hurlent dans ma tête.

Quand l'aube enfin se glisse aux fentes des volets,
Les oiseaux célébrant la fin de la tempête,
Mon inquiétude meurt et le sommeil renaît,
Des cendres des silences qui brûlaient dans ma tête.

L'inconnue

Acceptez ce poème, adorable inconnue,
N'y voyez surtout pas d'intention malhonnête.
Si le souffle des vers met votre cœur à nu,
Tolérez qu'un soupçon de poésie le vête.

Je ne peux m'empêcher d'écrire quand je vois
Le charme féminin que vous représentez,
Les fibres de mon cœur ne restent pas de bois
Devant tous les mystères que vous me présentez.

J'écris comme je vis et comme je respire.
Ma plume se redresse quand mon âme faillit.
Je fais un ouragan du moindre des soupirs
Et quand je pense à vous, un poème jaillit.

Alors, pardonnez-moi, si je vous fais l'offrande
Du travail qu'en secret, vous m'avez inspiré.
J'ai pour vous l'amitié que les femmes attendent
Même si dans vos bras, je me sens attiré.

Afin de vérifier si je tiens mes promesses,
Si mes mains vont pouvoir rassurer votre corps
Qui déjà, je l'espère, appelle ma tendresse,
Venez me retrouver... ou lisez-moi encore.

L'Infirmière

Lors d'un récent séjour au lit d'un hôpital,
Je me suis rappelé mes émotions premières.
J'ai tenté de saisir le processus mental
Qui nous fait fantasmer devant une infirmière.

Pourquoi es-tu si belle et si mystérieuse,
Femme au tendre sourire et à la robe blanche ?
Nos rêves débridés te veulent malicieuse,
Lorsque notre regard accroche sur tes hanches.

Nous imaginons tous que sous ta courte blouse,
Le plus doux de ta peau respire en liberté.
Tu fais la jalousie de nos chères épouses
Quand nos yeux s'aventurent dans ton décolleté.

Si de folles pensées, ton image suggère,
Sans obliger nos âmes à se rendre à confesse,
C'est parce que tu es bien la seule étrangère
Devant qui nous pouvons déshabiller nos fesses.

Tu n'es pas offusquée à la vue d'un corps d'homme.
L'art de la médecine t'affranchit des détours.
Tout, si tu le voulais, serait possible, en somme.
Dans l'art de soulager, tu connais plus d'un tour.

Le sourire qui calme et la main qui guérit,
Absente et disponible, douce et autoritaire,
Ne permettrais-tu pas le désir interdit
Que la plupart des hommes ont nourri pour leur mère ?

Ce regard attendri se posant sur ton corps,
Ne s'intéresse pas qu'à tes charmes humains.
Il a pour origine, qu'à l'aube de la mort,
Nous savons que c'est toi qui nous tiendras la main.

L'Homme

…
…
…
…
…
…
…
…

L'homme
Est
Comme
Ces
Chênes
Qui
Prennent
Vie

Dans les
Immenses
Forêts
De France,
Sans gêne
Des ormes,
Des frênes
Énormes.

Il grandit
Peu soucieux
Des édits
Des plus vieux,
Instruit
De leur nombre.
Ils ne lui
Font pas d'ombre.

Ainsi va l'homme
Qui évolue,
Très autonome
Individu.
Dans la forêt
Où il défend
Ses intérêts
Obstinément.

La classe, à l'école,
Va le rassasier
De bonnes paroles
Et va l'initier.
Mais c'est dans la cour
Qu'il rencontrera
Son premier amour,
Son premier combat.

Maintenant, il ressemble
À ce qu'il deviendra.
Dans ses traits, il rassemble
Sa mère et son papa.
On le dit « Petit Homme »,
Avec son caractère,

Déjà plus vraiment comme
Était son propre père.

Hier, ses lèvres effleuraient
Le visage d'une amie.
C'est une lettre, en secret,
Qu'il a postée aujourd'hui.
L'épée de son caractère
S'affûte dans un duel
Où le rival est le Père,
Dans une lutte cruelle.

Les poings dans les poches du jean,
Il crie au monde ses envies.
Le soir, il écoute les Djinns,
Pose des questions à la vie.
La réponse prendra la forme
De la fille qui va rester
Dans son lit avant qu'il s'endorme
Sur un rêve de volupté.

Le petit homme est devenu grand,
Et prend des responsabilités.
Il ne vit plus avec ses parents
Qu'il voit pour leurs générosités.
Vainqueur des chênes de la forêt,
Dans un combat où le meilleur gagne,
Il conquerra celle qui lui plaît,
Celle qui deviendra sa compagne.

Pour développer toutes ses ramilles,
Il sème pour un grand événement
Qui fera de lui un Chef de Famille
Qui fera d'elle une jolie maman.
Grâce aux vents légers, la belle saison

Nourrit de pollen la terre fertile.
Un nouveau bourgeon fleurit la maison.
À ses premiers pas, son père jubile.

L'ascension continue pour cet ambitieux.
Il en veut toujours plus, et plus en aura :
Amour, argent, pouvoir... de la poudre aux yeux !
Pour le bonheur des siens, il s'acharnera,
Jusqu'au point d'oublier le sens de la vie,
Revenant bien trop tard d'un bureau prison,
Ne voyant même pas que sa frénésie
Dissimule l'angoisse d'être à la maison.

Aujourd'hui, on le voit, Maître de la forêt,
Dominer par la taille et la force du tronc,
Les peuples anonymes d'arbres et de futaies,
Où jamais, il ne plie et jamais, il ne rompt.
Mais de ce piédestal qu'il a construit lui-même,
Qui de son entourage, inspire le respect,
Il rêve de musique et d'écrire un poème.
Il aurait bien aimé naître dans un muguet.

Et la vie continue, les saisons aussi.
Les ramures du chêne prennent des couleurs,
Le vert donne sa place au jaune et au gris.
Le tronc s'épaissit et gagne en largeur.
Les glands éparpillés ont donné des fruits,
Qui eux-mêmes ont donné d'autres nouveaux glands.
Le chêne se trouve ainsi reproduit,
Abritant sous ses feuilles, des petits enfants.

Ses cheveux sont blancs comme un soir d'hiver.
Il s'assoit en face de la cheminée,
Écrit un poème, relit Baudelaire,
Après avoir mis ses doubles foyers.

On le dit bien sage et bien sage, il est.
On vient l'écouter parler le dimanche.
Ses petits enfants rêvent d'un billet
Et jouent la belote en deux ou trois manches.

Ses doigts noueux comme un vieux rameau
Serrent bien fort le bois de sa canne.
Il va parler avec les oiseaux
De la forêt dans laquelle il flâne.
Il a perdu un peu de mémoire
Et ne sait plus si ses compagnons
Sont déjà morts et au purgatoire,
Ou s'ils parlent toujours aux pigeons.

Quand il se lève du fauteuil,
C'est pour aller manger son pain,
Et regarder bouger les feuilles
Qu'il n'est pas sûr de voir demain.
Certaines nuits, dans le feuillage,
Lorsque la lune est généreuse,
Il voit se former des images
Où apparaît une faucheuse.

La journée peut se traduire
En quelques points de repère :
Dormir, manger... et dormir ;
Avant dormir, la prière.
Il se rend compte, aux visites,
Devant les enfants inquiets,
Qu'il approche la limite
Des arbres de la forêt.

Un beau jour de printemps
Qui sentait bon la sève,
Il fait un mouvement

Que jamais, il n'achève,
Les yeux vers la fenêtre
Où les feuilles bougeaient.
Il avait vu peut-être
Quelqu'un qui l'appelait ?

Un petit sourire
Au coin de la bouche,
Il vient de mourir
Au bord de sa couche.
Peut-être en sachant,
Comme il en rêvait,
Qu'il irait un temps,
Renaître en muguet ?

Le chêne est mort,
Ses amis pleurent,
Mais sans remords
Et sans douleur,
ils brûleront
Leur capitaine
Vêtu de son
Habit de chêne.

Il s'envole
Vers le Ciel
En frivole
Arc-en-ciel,
Nourrissant
Les éthers,
Du vrai sang
De la terre.

Le Livre
Est lu,
Qui livre
Le but
Que l'Homme
Espère,
En somme,
Parfaire.

La
Vie
N'a
Ni
Page,

Ni
Age ?
Si !

…
…
…
…
…
…
…
…

Mensonges 1

J'aimerais, pour de bon, faire ce qui m'intéresse,
Ne jamais plus trahir ce pour quoi je suis né,
M'arrêter de courir aux pans de la sagesse.
De baiser en frisson, laissez-moi cheminer,

Faire tout pour cesser les remords de connaître
L'amour fou qui me tue cette angoisse dans l'œuf,
Et tout faire, dépourvu de ma gêne et admettre
De vulgaires pensées comme sang d'un cœur neuf.

Laissez-moi, mes promesses, les jeter au panier,
Par pitié, je vous laisse, objectifs que vous êtes,
Apprécier mes efforts pour ne rien sacrifier.

Bien des fois, j'ai renié ma parole et cherchant
Le plaisir, j'ai cessé d'incarner l'homme honnête.
De séduire les corps, je confesse un penchant.

Le poème peut se lire par les 6 premiers pieds
Mais également par les 3 premiers

Mensonges 2

J'aimerais, pour de bon, faire ce qui m'intéresse
Ne jamais plus trahir ce pour quoi je suis né.
M'arrêter de courir aux pans de la sagesse.
De baiser en frisson, laissez-moi cheminer.
Faire tout pour cesser les remords de connaître
L'amour fou qui me tue cette angoisse dans l'œuf.
Et tout faire, dépourvu de ma gêne et admettre
De vulgaires pensées comme sang d'un cœur
neuf.

Mensonges 3

Laissez-moi, mes promesses, les jeter au panier.
Par pitié, je vous laisse, objectifs que vous êtes,
Apprécier mes efforts pour ne rien sacrifier.
Bien des fois, j'ai renié ma parole et cherchant
Le plaisir, j'ai cessé d'incarner l'homme honnête.
De séduire les corps, je confesse un penchant.

Un poème sans fin

Si tu me quittes un jour,
Je serai pour toujours :

Un poète sans plume
Un oiseau sans soleil
Un Icare sans costume
Un comédien sans Corneille
Une tragédie sans femme
Un homme sans lueur
Une bougie sans flamme
Un timbre sans valeur
Un billet sans retour
Un match sans but
Une vie sans amour
Une histoire sans chute
Une rivière sans poisson
Un avril sans épi
Des cheveux sans front
Une guerre sans merci
Un cadeau sans papiers
Un vagabond sans toit
Une maison sans foyer
Une cheminée sans froid
Un frisson sans mystère
Un amour sans désir
Aujourd'hui sans hier
Un passé sans avenir.

Le poème peut se lire en décalant chaque rime vers le bas.

Un oiseau   sans plumes,   Un Icare   sans soleil etc…

Besoin de toi

J'ai besoin de t'écrire
Les mots de mon amour
J'ai besoin de te dire
Que c'est la nuit, le jour.

J'ai besoin de ta peau
Qui recouvre la mienne,
J'ai besoin que mon eau
Se mélange à la tienne.

J'ai besoin de sentir
Le parfum de tes lèvres,
J'ai besoin d'assortir
Ta chaleur à ma fièvre.

J'ai besoin de ton goût
Sauvage et mélangé,
J'ai besoin sans dégoût
De te boire et manger.

J'ai besoin que mon cœur
Vibre au son de ta voix,
J'ai besoin du bonheur
Dans lequel je me noie

Oui, j'ai besoin de toi.

Je ne t'aime pas

Avant de t'avouer les ombres de ma vie,
je dois te confesser que je ne t'aime pas.
Ce n'est pas toi que j'aime et encore moins la femme.
Laisse-moi te conter tout ce que j'aime en toi

Ton sourire et ta voix sont ce que je préfère
La douceur de ta peau sous mes doigts curieux
La chaleur de tes mots qui me plonge en enfer
Où je côtoie surpris des anges et des dieux

J'aime en toi ces cheveux qui respirent les bois
La douceur de ta langue qui se faufile en moi
Cet effluve attendu qui file entre mes doigts

Tes goûts et tes couleurs comparables aux miens
Ton esprit vagabond et ton corps musicien.
J'aime ce que tu es et j'en perds mes moyens

Survenirs*

Amie, je vous l'avoue :
Je me laisse glisser
Sur un tapis de fleurs
A la tige dressée
Des multiples couleurs
Et *survenirs* de vous.

Survenir : Néologisme. Image mentale d'un futur souhaité.

Tout a une faim

Que c'est dur de vieillir quand on aime l'amour !
Je ne fais plus rimer amour avec toujours.
Je n'obtiens de l'amour que les plaisirs du cœur
Mais mon corps a besoin de sa part de bonheur.

Je ne fais plus l'amour faute de partenaire.
Je suis insatisfait des plaisirs solitaires.
Je n'ose plus montrer mon envie de séduire.
Quand on parle de l'âge, je n'ai plus rien à dire.

Quand Cupidon m'oublie, je passe à l'écriture
Je peux coucher mes mots, dans de vraies aventures.
Je remplace aisément mes vœux jaculatoires
Par les moments passés au sein d'une écritoire.

Je fréquente des femmes, dans le lit de mes rêves,
Que j'embrasse à loisir et caresse sans trêve.
Je m'enflamme au regard d'une jolie passante
Et déjà mon esprit fait d'elle mon amante.

De prendre du plaisir, je me suis résigné.
Pour un charmant sourire, je rends de l'amitié.
Je ne retrouve plus, dans le regard des femmes
La lueur de l'envie ou la petite flamme.

J'ai plus de cinquante ans, mon cœur en a dix-huit.
Je n'effeuillerai plus, les blanches marguerites.
Dans mes rêves abscons,
Je commence à penser, de mes nuits de tristesse :
"Qu'importe le flacon… "